Couverture inférieure manquante

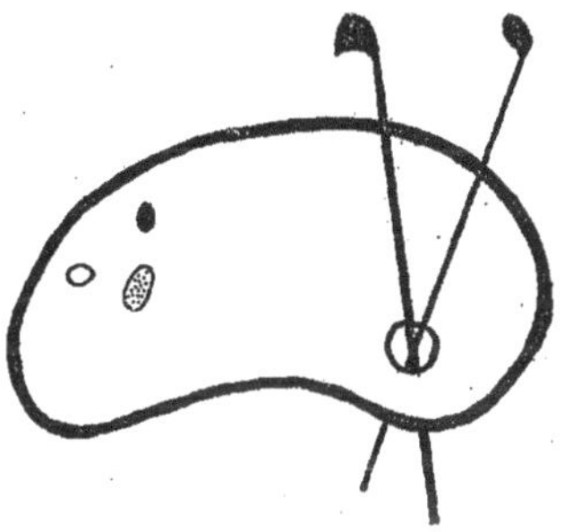

DEBUT D'UNE SERIE DE DOCUMENTS
EN COULEUR

Couverture inférieure manquante

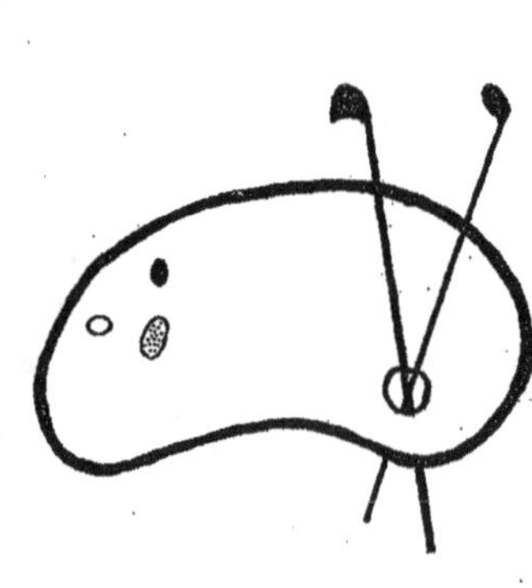

DEBUT D'UNE SERIE DE DOCUMENTS
EN COULEUR

INSTITUT DE FRANCE

HIPPOLYTE PASSY

NOTICE HISTORIQUE

Lue en séance publique le 2 décembre 1899

PAR

M. GEORGES PICOT

SECRÉTAIRE PERPÉTUEL
DE L'ACADÉMIE DES SCIENCES MORALES
ET POLITIQUES

PARIS
LIBRAIRIE HACHETTE ET Cie
79, BOULEVARD SAINT-GERMAIN, 79

1900

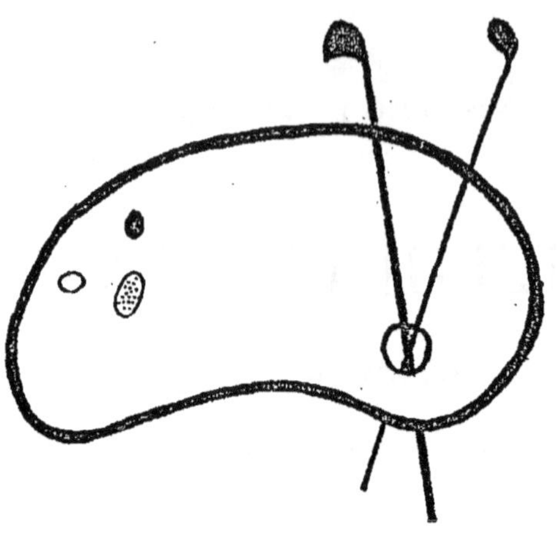

FIN D'UNE SERIE DE DOCUMENTS
EN COULEUR

HIPPOLYTE PASSY

NOTICE HISTORIQUE

Lue en séance publique le 2 décembre 1899.

COULOMMIERS
Imprimerie Paul Brodard.

INSTITUT DE FRANCE

HIPPOLYTE PASSY

NOTICE HISTORIQUE

Lue en séance publique le 2 décembre 1899

PAR

M. GEORGES PICOT

SECRÉTAIRE PERPÉTUEL
DE L'ACADÉMIE DES SCIENCES MORALES
ET POLITIQUES

PARIS
LIBRAIRIE HACHETTE ET Cie
79, BOULEVARD SAINT-GERMAIN, 79

1900

HIPPOLYTE PASSY

NOTICE HISTORIQUE

Lue en séance publique le 2 décembre 1899.

Messieurs,

Pendant quarante-six années, M. Hippolyte Passy a appartenu à notre Académie. Sa parole faisait autorité. Ce n'est une injure pour aucun de nos confrères que d'affirmer qu'à l'Institut son activité n'a été dépassée par personne.

Député pendant les dix-huit années du gouvernement de Juillet, il fut trois fois ministre, et tel était l'hommage unanimement rendu à la science du financier que, par une rencontre sans précédents, le ministère qu'il avait quitté sous la monarchie lui fut rendu dix ans plus tard sous la République.

Économiste et homme d'État, fidèle à ses doctrines, mêlé aux luttes des partis sans s'asservir à leurs passions, il eut la chance heureuse, au cours d'une vie toute dévouée à la politique, de rencontrer à la fois la contradiction et le respect, parce qu'il croyait aux idées et qu'il était prêt à se sacrifier pour elles.

Que vaudraient nos éloges si nous devions passer silencieux devant de telles mémoires? Et que deviendraient nos compagnies si elles n'avaient pas à montrer, pour la confusion de ceux qui les calomnient, les œuvres de ces vertus laborieuses et modestes?

Issu d'une vieille souche de bourgeoisie normande, Hippolyte Passy vint au monde, le 16 octobre 1793, en pleine crise révolutionnaire. Aucun tintement joyeux n'annonça son entrée dans la vie. Les heures qui sonnèrent sa naissance étaient sinistres. Ses parents avaient dû fuir. Retirés à Garches, ils recevaient les premières nouvelles du procès de la reine qui devait monter le même jour sur l'échafaud. La Terreur commençait. Son père qui avait été attaché à l'administration des Fermes était suspect et se cachait; il n'allait pas tarder à être arrêté et compromis avec les fermiers généraux. Échappant à la mort, élargi à la fin de la Terreur, il se retira aussitôt à Gisors dans la maison qu'il venait d'acheter et qui, depuis plus d'un siècle, a abrité sa famille; du fond de sa retraite, il observait les événements, aspirait avec la France au rétablissement de l'ordre, et à cet effort de reconstitution sociale qui devait faire explosion avec le Consulat.

Une heureuse rencontre le porta tout d'un coup plus haut qu'il n'avait prévu. Le frère de sa femme avait été ordonnateur en chef de l'armée d'Égypte. Choisi par Bonaparte, apprécié par lui, attiré au lendemain du

18 Brumaire, d'Aure était devenu ordonnateur en chef de la Grande Armée. Par son influence, M. Passy fut nommé receveur général du département de la Dyle. Hippolyte avait douze ans lorsque son père s'établissait à Bruxelles; c'est là qu'il fit ses études, n'ayant qu'une pensée, sortir du collège pour revêtir plus tôt l'uniforme. De 1806 à 1811, l'amour de la gloire faisait partie de l'éducation; nul ne cherchait à s'y soustraire; sur les bancs des classes, professeurs et élèves frémissaient à l'envi. La Belgique n'échappait pas à l'entraînement universel et moins que tous autres les fils d'un fonctionnaire français. En 1809, Hippolyte partait pour l'école de cavalerie, alors établie à Saint-Germain; c'est là que la naissance du roi de Rome, apogée de l'Empire, vint mettre le comble à ses enthousiasmes. Doué de la nature la plus vive, il brûlait d'impatience en voyant se prolonger la paix que les sages trouvaient trop courte; une promotion venait de partir : il fallait attendre encore un an.

La guerre de Russie fut le signal de la délivrance pour ce cavalier de dix-neuf ans. On demandait à l'école de Saint-Germain l'envoi immédiat des élèves les plus ardents de la jeune division. Hippolyte fut désigné; il partit avec l'emportement de son âge, rejoignit en Russie son régiment de hussards, et entra à Moscou; peu de jours après, commençait la grande retraite : sans cesse on se battait à l'arrière-garde; son cheval tué, il fut pris et emmené à Vilna; souffrant de la misère, exaspéré de son impuissance, il découvre un jour que son père s'est adressé aux banquiers pour obtenir de ses nouvelles, et qu'il a multiplié les envois d'argent; il s'empresse de les toucher, achète en secret chevaux et voiture, rassemble ses amis et s'évade avec eux; il échappe à ceux qui le poursuivent, et à travers mille aventures arrive à Dresde où son oncle, le comte d'Aure, le présente à l'Empereur qui le questionne et le renvoie à l'armée avec ses épaulettes.

Le jeune officier fit toute la campagne de Saxe; j'ai entendu dire à des survivants des guerres de l'Empire, à des contemporains de Marbot, qu'il y avait des généraux qui n'avaient pu assister à un combat sans être blessés. Hippolyte Passy eut le privilège des blessures : son corps en était couvert. Des pieds à la tête, il en conserva toute sa vie les marques. En dix-huit mois, il reçut 52 coups de lance, un biscaïen au tibia, un coup de sabre sur la nuque. 1813 et 1814, Dresde, Leipzig et la campagne de France étaient inscrits sur son corps en traces indélébiles. Le 15 octobre 1813, la veille de ses vingt ans, Napoléon le décora de sa main.

Capitaine en 1814, nommé chef d'escadron aux Cent Jours, Waterloo mit le terme à sa carrière militaire. Qu'allait-il devenir? Plus obscur, il aurait vécu à Paris ou dans quelque ville de province, parmi les officiers à demi-solde, s'associant aux mouvements qui devaient agiter une génération de héros manqués, condamnés à user leurs forces entre les regrets et l'impuissance. Il n'eut le temps ni d'agir, ni de se compromettre. Signalé par ses liens de famille, par son oncle serviteur de l'Empereur et ami de Murat, il sentit autour de lui une telle surveillance, il comprit si bien qu'en ce temps de soupçons, ses moindres actions seraient suspectes, qu'il prit bientôt son parti.

Il s'embarquait au commencement de 1816 pour l'Amérique à bord d'un voilier; il y fit une rencontre qui décida de sa vie.

S'éloignant de sa patrie le cœur en deuil, partant à la recherche de l'inconnu, le jeune voyageur était tout préparé à recevoir de fortes impressions. — D'où lui viendrait la secousse? Ce fut un livre qui la lui donna. Un Anglais qui était à bord lui prêta Adam Smith. Cet ouvrage fut pour lui toute une révélation : il entrevit une science qu'il ne soupçonnait pas. La traversée devait être longue; la marche du voilier fut retardée par le calme. En quelques semaines, en tête à tête avec sa pensée, Hyppolyte Passy médita les *Causes de la Richesse des nations*, s'en pénétra, et quand il mit le pied sur le sol de l'Amérique, son esprit était initié aux principes d'une science à laquelle il devait, durant soixante-quatre années, demeurer fidèle. Son voyage tout entier se ressentit de ses lectures. Aux curiosités vagues d'un jeune homme de vingt-trois ans, la veille encore officier de hussards, et se lançant à travers le Nouveau Monde à la recherche d'un but, succédait une pensée plus mûre, et ce qui prépare tous les succès dans la vie, la volonté d'observer.

M. Passy n'était pas de ces improvisateurs de plume ou de parole qui recueillent à la hâte des impressions et des faits pour les faire connaître au dehors. Il séjourna longtemps aux Antilles et nous ne connaissons aucun écrit de lui qui rappelle ce qu'il a vu. C'est au cours de ses conversations, à travers ses discours, qu'on retrouve des traits précis ne laissant aucun doute sur la netteté de ses souvenirs. De Saint-Domingue, où il étudia la race noire, la transformation du travail, et ce que pouvait être, vingt ans après l'émancipation, une société d'affranchis, il alla à la Nouvelle-Orléans voir, en Louisiane, les résultats du travail servile : l'esclavage y régnait; il parcourut les plantations, examina la culture de la canne à sucre, du coton et du café, ne se laissa pas éblouir par une prospérité matérielle qui reposait sur l'exploitation de l'homme, et remonta vers le Nord pour jouir du contraste alors sensible entre les fiers et impuissants possesseurs du sol qui se retiraient lentement vers l'Ouest, et la marche d'une civilisation naissante dont la prodigieuse activité laissait présager les succès.

Vingt ans auparavant, Chateaubriand avait interrogé les Indiens. Seize ans après, Tocqueville devait recueillir les adieux des survivants. Placé dans l'ordre des temps entre ces deux grands voyageurs, Hippolyte Passy porta le même jugement : la lutte n'était pas possible. L'infériorité de la race rendait sa perte inévitable; mais il tenait cette élimination d'une race d'hommes pour un fait odieux; il se sentait l'âme trop haute, trop libérale, pour ne pas penser que le contact, avant de conférer des droits, imposait à la race supérieure des devoirs envers les faibles. Ainsi des forêts du *Far-West*, comme de la constitution des États-Unis, de la vue de l'esclavage et des maux qui corrompaient le maître en écrasant l'esclave, il rapportait en France des convictions qui le préparaient à prendre rang parmi les libéraux.

Il retrouvait d'ailleurs tous ses amis, tous ses contemporains dans le même camp.

Ce qui est unique en ce siècle, c'est la communauté de sentiments qui inspirait la jeunesse de 1815 à 1830. Comment tant d'esprits sortis d'origines diverses se rencontrèrent-ils en des opinions semblables? Pourquoi un jeune avocat de Bordeaux, tel que Dufaure, pourquoi des étudiants de Marseille et d'Aix, comme Mignet et Thiers, avaient-ils les mêmes vues, les mêmes espérances que le fils d'un conseiller d'État, d'un maréchal ou d'un ministre; pourquoi Vitet, petit-fils d'un maire royaliste de Lyon, était-il aussi ardent que Rémusat, fils d'un chambellan de l'Empire, quel était le lien invisible qui les rassemblait à travers la distance pour former un des partis les plus unis qui aient jamais remué la France? Plus le temps s'écoule et plus ce phénomène moral, le plus saisissant de ce siècle, grandit et s'explique à la fois : vingt ans de guerre avaient enivré la France d'émotions et de gloire; 1815 était la défaite; Waterloo le signe de deuil; les traités de Vienne le contrat de déchéance; toute âme fière rêvait de les déchirer, et comme ni l'émigré, ni l'étranger n'aimaient la Charte, la jeunesse, naturellement éprise de la liberté, confondit dans son attachement aux principes libéraux tous les sentiments qui l'agitaient. Deuils, répugnances, espoirs étaient les mêmes. Hippolyte Passy, étudiant le droit et l'économie politique à Gisors, avait toutes les aspirations que ressentaient Dufaure, Mignet et Thiers, Duchâtel et Vitet, Montalivet et Rémusat, Montebello et Salvandy, Renouard, Saint-Marc Girardin ou Vivion.

Cette période de 1815 à 1830, qui contenaît tant de germes et qui nous semble comme le printemps du siècle, a vu l'éclosion de toutes les passions, les ardeurs les plus nobles, aussi bien que les injustices de l'esprit de parti.

C'est le malheur des peuples qui n'ont pas encore conquis le sens politique de laisser la lutte sortir de l'enceinte des Chambres et gagner la place publique. Alors les partis changent eux-mêmes de nom et deviennent des factions; des deux côtés ils renoncent aux armes de la liberté et méditent en secret des appels aux coups de force. L'opposition se met à conspirer; le Gouvernement répond en préparant des violences contre les lois. Telle fut l'histoire de la Restauration, qu'une élite d'hommes d'Etat avait eu l'art de conduire avec honneur dans les voies de la liberté constitutionnelle, qu'elle sut y maintenir grâce à des prodiges de talent, luttant à la fois contre les préjugés de la nation et contre les préjugés de la cour, s'épuisant en efforts pour dissiper les uns et les autres, voulant rallier la jeunesse à la Monarchie de 1815 et rallier les royalistes à la pratique de la liberté sans arrière-pensée, y réussissant avec Pasquier, de Serres et Decazes, échouant avec Villèle et les émigrés, et aboutissant, après quinze ans de lutte, à cette extrémité d'un coup d'État accompli contre la Charte où les plus sages voyaient un régime définitif, tandis que le roi et ses amis n'y avaient vu qu'une expérience.

M. Hippolyte Passy et ses frères ne furent étrangers à aucune des ardeurs de la jeunesse de leur temps. L'aîné, entraîné vers la botanique et la géologie, commençait au retour de ses voyages les grandes publications qui devaient le mener à l'Académie des Sciences, pendant que les autres frères entraient dans l'administration et dans l'armée, Hippolyte demeurait à Gisors, partageant ses heures entre des études d'histoire et d'économie politique. Il y eut là une suite d'années silencieuses et fécondes dans lesquelles, en multipliant les lectures les plus variées, il accumula toutes les ressources de sa vie.

En 1826, il publia une *Étude sur l'Aristocratie dans ses rapports avec les progrès de la civilisation.*

A l'avènement du roi Charles X se rattache un grand effort pour constituer un gouvernement aristocratique. Le parti ultraroyaliste voulait faciliter la création de familles privilégiées qui servissent de protecteurs à la nation et de rempart au trône. Il proposa le rétablissement du droit d'aînesse. C'était une conception toute factice. La réfutation de M. Passy était vigoureuse. Montrant, l'histoire à la main, ce qu'était « l'Aristocratie dans ses rapports avec les progrès de la civilisation », il reconnaît que dans le passé sa domination avait produit plus de bien que de mal, qu'elle avait pu contribuer à défendre le peuple, à le protéger contre les violences, mais que son rôle avait pris fin avec l'ascension progressive des classes qu'avaient émancipées le travail et l'éducation.

Dans un peuple partagé entre capables et incapables, l'aristocratie était inévitable. Du jour où les incapables étaient en mesure d'agir et de conseiller, elle devenait inutile. Peu à peu, elle s'était effacée comme, dans la nature, les organes sans fonctions. M. Passy exposait la notion nouvelle qui s'était substituée aux privilèges : l'égalité des droits. Du jour où ce principe était entré dans l'esprit d'un peuple, il était impossible de réagir en créant des supériorités légales; n'étant appuyées sur aucun service, elles seraient aussitôt attaquées et renversées. Histoire, économie politique, étude du caractère humain, tout était mis en œuvre pour accroître la force d'une discussion précise et souvent éloquente. Son étude n'avait rien d'un pamphlet. C'était un livre, grave comme l'auteur, sans violence de langage et plein de force, puisant ses arguments dans l'histoire, chez les peuples étrangers, ne faisant appel à aucune passion, mais à la raison seule.

L'ouvrage attira l'attention. Le *Globe* qui s'adressait à tous ceux qui pensaient le signala avec éloges [1]. A dater de ce jour, l'auteur cessait d'être un inconnu.

Les élections de 1827 le passionnèrent; il se sentait frémir d'impatience, comme tous ses contemporains; il parlait, agissait, exhortait les électeurs; la chute de M. de Villèle et le cabinet Martignac furent des rayons d'espoir. L'avènement du ministère Polignac dissipa le rêve. C'était la déclaration de guerre. Demeurer dans sa province devenait impossible; il fallait aller à Paris, en pleine lutte. Se taire semblait une défail-

1. Article de M. Duchâtel du 16 novembre 1826.

lance. Hippolyte Passy avait hâte de prendre part au combat, il fut admis à écrire au *National*.

C'était bien le combat, tel qu'il pouvait le souhaiter. Le nom de M. de Polignac, ses desseins menaçants, le branle-bas du parti royaliste avaient déterminé des jeunes gens, dont le cœur était ardent et les vues profondes, à créer un journal qui, sortant hardiment des sentiers battus, parlât assez haut pour rompre l'équivoque. Charles X voulait-il gouverner avec la majorité du pays ou contre elle? voulait-il respecter la Charte ou la violer? L'heure était passée des ménagements et des demi-mesures. Le choix de M. de Polignac ne gouvernant qu'à condition d'ajourner les Chambres était le commencement des hostilités.

Le *National* fut fondé pour obliger le roi à capituler ou à faire le coup d'État.

Chaque numéro était une sommation. Dans l'histoire de la presse française et peut-être de la presse d'aucun pays, on n'a jamais vu un journal jouer un tel rôle, avec un tel éclat de force et de talent. Trois rédacteurs, MM. Armand Carrel, Thiers et Mignet, faisaient à eux seuls, à tour de rôle, les articles politiques. Le journal n'appartenait qu'à eux. Ils étaient les chefs de cette légion d'avant-garde; M. Hippolyte Passy, comme M. Barthélemy Saint-Hilaire, comme d'autres encore de nos anciens, y servait en simple soldat.

La révolution de 1830 fit arriver à la fois sur le premier plan de la scène politique tous ceux qui auparavant n'étaient, par leur âge, ni électeurs ni éligibles. Elle transforma ainsi en forces prêtes à sauver l'État des impatiences qui jusque-là l'avaient troublé, montrant par cet exemple aux politiques de l'avenir que les institutions sont condamnées à périr, si la jeunesse n'entre pas dans le jeu constitutionnel pour s'y attacher et le faire vivre.

En octobre 1830, une élection partielle envoya M. Passy à la Chambre, comme député du collège départemental de l'Eure. En janvier, une ordonnance royale le nommait membre du Conseil général. Dans les premiers mois, il observa et garda le silence: mais après sa réélection, en juillet 1831, il fut nommé de plusieurs commissions.

Une entrée bruyante sur la scène politique est l'écueil sur lequel à leur début se brisent les esprits légers. M. Passy éprouvait un profond dédain pour les harangues à effet. Il prenait au sérieux le mandat de député et se serait cru indigne de siéger à la Chambre, s'il ne lui avait pas apporté sur chaque question les études les plus fortes. Ses premiers rapports attirèrent l'attention et lui assignèrent dès le début un rang.

Membre de la commission du budget, il présenta le rapport sur la loi des comptes de 1829. Si le budget offre le moyen d'embrasser et de régler toute l'administration du pays, les comptes permettent de saisir sur le fait et de vérifier les actes d'une politique. Au lendemain d'une révolution, les gouvernants de 1831 avaient le plus grand intérêt à pénétrer dans le détail des dépenses faites et à ne laisser rien échapper. Le rapporteur signala sans faiblesse des faits que la Chambre était disposée à écouter sans indulgence. Ce rapport est un modèle de clarté : il établit la compétence financière du député de Louviers.

Il était aussi sincère que clairvoyant. Au pays qui attend des économies et ne cesse de réclamer des réductions de traitements, il a le courage de dire qu'il n'y a rien à attendre de ce côté, mais qu'il « faut diminuer le nombre d'emplois, multipliés sans mesure sous l'Empire, pour rattacher au Gouvernement des familles ruinées par la Révolution ».

Il veut mettre à profit les réductions pour augmenter le traitement de ceux qui seraient conservés. Des agents moins nombreux, mais capables et contents de leur sort, serviraient mieux qu'une multitude d'agents trop peu rétribués et regrettant de s'être engagés dans une carrière ingrate. Il s'élevait avec force contre l'inexplicable attrait arrachant des intelligences actives aux carrières industrielles pour les transformer en serviteurs de l'État, qui végètent dans de minces emplois, aspirent avec anxiété à un avancement, multiplient les sollicitations, en répandent l'habitude dans le reste de la population où l'amour des places devient la cause d'une lutte acharnée entre ceux qui les occupent et ceux qui les veulent obtenir [1]. Voilà les idées sages que soixante-dix années d'infructueux efforts ne sont pas parvenues à faire prévaloir.

Les questions militaires lui furent dès le début réservées. Rapporteur de la loi de recrutement, puis du budget de la Guerre, il eut à exposer et à défendre les charges militaires de la France. Il ne s'agissait plus d'éco-

1. Rapport sur la loi des comptes de 1829, déposé le 31 octobre 1831.

nomies. L'ébranlement de l'Europe nous avait imposé des devoirs. L'indépendance de la Belgique, proclamée au lendemain de notre Révolution, était une première et heureuse atteinte aux traités de 1815. Il ne fallait pas permettre à l'Europe de replacer les Belges sous le sceptre du roi des Pays-Bas. L'Italie s'agitait; il fallait signifier à l'Autriche qu'une intervention des troupes impériales provoquerait l'entrée des Français en Piémont. La France voulait la paix, mais à la condition que l'indépendance des voisins immédiats de nos frontières fût respectée. Tel était le sens de la politique indiquée par le comte Molé, défendue par Casimir Perier devant les Chambres, soutenue par M. de Talleyrand à Londres et pratiquée avec une suite qui prépara, dans la paix, l'essor de la France et de son influence libérale.

Une telle attitude, quoi qu'en pût dire l'opposition, ne ressemblait pas à « la paix à tout prix », et ne comportait pas le désarmement. Les financiers ne pouvaient se faire illusion. M. Passy, dont le goût d'ordre était traité de parcimonie, n'hésita pas. « Appelée, écrit-il dans le rapport sur le budget de la Guerre, à déployer tout à coup des forces dont l'étendue montre qu'elle était prête à tous les événements, la France, en moins d'un an, a doublé l'effectif de ses troupes, armé et approvisionné ses places fortes, réorganisé son matériel d'artillerie, préparé tous les services dont la guerre aurait nécessité l'emploi, et dans le seul exercice 1831, 373 millions ont été consacrés à des dépenses que la prudence ne permettait pas d'éviter. » Le rapporteur déclarait, en conséquence, que la Commission des finances se refusait à proposer aucune réduction de crédits [1]. L'approbation de la politique extérieure était proclamée sans réserve.

Si les rapports de M. Passy étaient clairs, ses observations à la tribune étaient lumi-

1. Rapport sur le budget de la Guerre, 31 octobre 1831.

neuses. Ne parlant que des questions qu'il connaissait à fond, il était toujours écouté avec soin et rarement réfuté avec succès. En janvier 1834, il était nommé président de la Commission du budget, ce qui ne l'empêchait pas de présenter l'exposé du budget de la Guerre dont il était devenu le rapporteur spécial.

L'autorité sur les hommes ne se conquiert qu'en déployant à leurs yeux une indiscutable compétence.

En suivant pas à pas, de session en session, l'activité de M. Passy, en lisant la suite de ses rapports, on sent croître autour de lui l'estime des députés : ses collègues avaient confiance en lui. C'était la force des assemblées qui ont gouverné la France de 1815 à 1851. Les détracteurs du présent se plaisent à exalter le passé outre mesure; à les entendre, tous les députés de ce temps étaient des esprits distingués : ce qui est vrai, c'est qu'une majorité d'esprits assez médiocres s'inclinaient devant quelques hommes et admettaient leur supériorité. Il existait, en dehors de tout esprit de parti, des compétences reconnues; autour d'elles, se groupaient les membres des Chambres. C'est ainsi que les meilleures lois ont été préparées dans les commissions et soutenues à la tribune.

Huit ou dix députés, autant de pairs de France, quelquefois moins, s'attachaient à un projet, l'étudiaient en ses moindres détails, le défendaient en l'une et l'autre assemblée, et aidaient ainsi le Gouvernement à introduire dans nos lois des réformes organiques. C'étaient, au Luxembourg, les survivants du grand Conseil d'État, les Portalis, les Molé, obéissant à la sage impulsion du chancelier Pasquier; le premier président Séguier, Montalivet qui attachait son nom à l'organisation départementale et communale, le duc de Broglie, Siméon, Mounier, Daru, dont les rapports étaient des monuments législatifs, Bérenger qui personnifiait les réformes pénales.

C'étaient, au Palais-Bourbon, les deux Dupin, le président de Belleyme, Barthe, Martin du Nord, Dufaure, Vivien; en matière de finances, Hippolyte Passy tenait le premier rang. Ses rapports parfois très étendus étaient précédés de recherches et de travaux plus longs encore. L'autorité qu'il déployait à la tribune était appuyée sur des enquêtes et des investigations de toutes sortes. Les ministres, quand ils le rencontraient en face d'eux, trouvaient en lui un rude jouteur; il était aussi tenace que bien armé. Sans jamais d'aigreur, sans faire appel aux passions, il discutait les questions en elles-mêmes; aussi sa conscience était-elle très surprise de la légèreté de ses collègues. Un jour où il discutait, à propos du règlement, la question, toujours pendante, de savoir ce qui était préférable d'un rapporteur unique des dépenses ou d'un rapporteur par ministère, il fit remarquer qu'il fallait « tenir compte de la fatigue de la Chambre, puisqu'un jour de discussion détaillée, il n'avait pas compté cinquante exemplaires du budget ouverts devant les députés [1] ».

Doué d'une nature très vive, cédant aux emportements dans sa jeunesse, il était parvenu à se maîtriser, et la raison avait acquis sur son intelligence un tel empire qu'en vingt et un ans d'action publique à la tribune, sa pensée n'a pas laissé échapper un mot dont il eut à regretter la vivacité. Cette possession de soi-même donne aux âmes ardentes une puissance qui agit en secret sur les auditeurs. M. Passy n'a jamais cherché l'éloquence ; à force de conviction, il arrivait à émouvoir.

Sa situation ne cessait de grandir. Vice-président de la Chambre en 1834, il était désigné pour le portefeuille des Finances. Il le reçut bientôt dans un ministère éphémère, puis il reprit son poste d'étude sans déception, ni rancune.

Il n'aimait pas les discussions de pure

1. Chambre des députés, 14 janvier 1836.

politique. Très attaché aux principes de la révolution de 1830, ayant conservé de sa jeunesse et des luttes de la Restauration toutes les répugnances contre la droite, il était de ceux qui voulaient faire un vrai gouvernement et n'entendaient pas se soumettre aux exigences de la gauche. Il ne perdait pas une occasion de dire que les difficultés de la situation politique provenaient « de l'existence en France de deux factions anti-constitutionnelles », et il se sentait également prêt, avec la majorité de la Chambre, à soutenir la lutte contre les complots légitimistes aussi bien que contre les conspirations républicaines.

Le 22 février 1836, il entrait, comme ministre du Commerce et des Travaux publics, dans le cabinet formé par M. Thiers.

La conduite que tint le gouvernement de Juillet à l'égard des douanes est conforme à toute sa politique. Ne pas changer soudainement le régime économique de la France, ne pas procéder par secousse, mais se rapprocher par une évolution lente et continue de la liberté, chaque fois que ce progrès destiné à stimuler l'industrie pouvait s'accomplir sans ruine [1] : tel était le plan très sage que conçurent et appliquèrent presque tous les ministres du Commerce au premier rang desquels figuraient deux membres de notre Académie, dont elle a conservé le souvenir avec respect, M. Duchâtel et M. Passy.

La discussion fut longue : fers, houilles, laines, cotons, fils de toutes sortes donnèrent lieu aux débats techniques les plus précis. M. Passy tint tête aux défenseurs de tous les intérêts et assura le succès de la loi.

1. Le projet déposé le 2 avril 1836 contenait tout l'exposé de la politique commerciale. « Il faut que le gouvernement, dit M. Passy, marche pas à pas, qu'il s'abstienne de trop faire à la fois, qu'il améliore l'ensemble des choses, qu'il donne à l'intérêt général la plus grande satisfaction possible, sans toutefois lui sacrifier durement les intérêts privés qu'il a fondés et qu'il doit soutenir. » (Discours du 2 avril 1836.) M. Duchâtel avait résumé la même pensée en cette formule : « On ne protège pas pour favoriser l'immobilité, mais pour obtenir le progrès. »

Il avait hâte de s'occuper des travaux publics. Il croyait, ainsi que ses collègues, à l'avenir des chemins de fer; aucune question ne lui semblait plus digne de l'attention du Gouvernement, et il désirait vivement que l'initiative privée s'emparât de ce nouvel élément d'activité au profit de la richesse nationale. M. Passy allait se consacrer à la solution de ce problème, quand les événements d'Espagne absorbèrent l'attention du cabinet. Le trône constitutionnel de la reine Isabelle était menacé. Une partie des ministres avec le président du Conseil voulaient envoyer une armée de secours. Le roi était opposé à une intervention directe. Le ministère dut se retirer, et une fois de plus les projets vraiment utiles furent victimes de la politique.

Quelques mois après, M. Passy saisit l'occasion d'expliquer toute sa pensée. La politique extérieure qu'aurait pratiquée cet esprit sage, aimant le progrès modéré, jette un singulier jour sur l'état de l'opinion. Après des vues très larges sur l'histoire et sur la transformation des peuples, il se demande « quelle est notre situation. Nous sommes, n'hésite-t-il pas à dire, la nation révolutionnaire : ce que nous appelons l'esprit révolutionnaire, en Europe on l'appelle l'esprit français. Cette situation, nous l'avons acceptée ; nous avons bien fait ; mais, croyez-le bien, elle nous impose des devoirs. Quand un gouvernement absolu se transforme en monarchie constitutionnelle, il y a perte de force pour plusieurs gouvernements du Nord et de l'Est. Quand le contraire risque de se produire, la perte est pour nous... »

M. Passy, comme économiste, n'aimait pas la guerre, mais sa pensée nous révèle l'état d'esprit de ses contemporains.

Les guerres de la Révolution et de l'Empire avaient laissé une telle empreinte sur l'esprit des hommes de cette génération que leurs vues politiques étaient sans cesse tournées vers les revanches européennes. Dès qu'éclate un incident diplomatique, nous voyons, à travers la froide raison du député, percer l'ancien officier de la Grande Armée.

Dans les débats sur l'Algérie, nous pénétrons jusqu'au fond de sa pensée. Il avait étudié l'histoire de France, avait vu que notre politique en Europe nous avait fait perdre nos colonies et qu'en même temps le souci de défendre au loin notre empire d'outre-mer avait affaibli les forces de la métropole : il en était résulté chez lui un doute, puis une défiance contre toutes les entreprises coloniales. C'était à ses yeux une force toute factice. De là, une campagne fort longue, reprise avec persévérance d'année en année, contre l'extension de nos conquêtes algériennes. Il se souvenait du poids qu'aurait pesé dans la balance de l'histoire, aux jours de nos défaites, un corps de 25,000 hommes, et en 1832 il gémit de le voir au loin sur la côte d'Afrique. Nous suivons dans ses discours annuels les progrès des effectifs algériens. Nous les voyons monter à 60,000, à 80,000, puis à 100,000 hommes. Ses longues discussions sur la domination de la France en Afrique risquèrent d'ébranler les Chambres et de faire dévier une politique hardie et fière qui nous donna l'Algérie. Peu à peu, ses discours deviennent moins vifs. Au fond, il se résignait sans se convertir; il avait cru devoir avertir; le drapeau était engagé; la Chambre avait pris son parti; enfin il se tait, ne voulant pas être accusé d'affaiblir une conduite que la majorité jugeait utile au pays.

Soixante années se sont écoulées depuis ces luttes; nous sommes assez loin pour porter sur elles un libre jugement. Si, en 1834, nous avions abandonné l'Algérie, où aurions-nous trouvé la compensation d'une retraite qui aurait à jamais blessé l'orgueil national? Les nations n'ont pas seulement des forces matérielles; elles vivent de créations, et surtout, lorsqu'elles souffrent, d'espérances; elles ont besoin de se sentir fières par quelque endroit; plus leur politique obéit à la froide raison, plus les relations entre les nations les soumettent à des règles qui les lient et plus elles ont besoin de ces échappées vers l'avenir. Les peuples comme les hommes obéissent aux mêmes mobiles. Le tout est de les choisir suivant les temps et suivant l'objet. Comme l'enseigne l'art de diriger la jeunesse, c'est à un mélange de raison et d'imagination que les gouvernants doivent sans se lasser faire appel. Parcourez les récits des expéditions écrits par nos officiers d'Afrique, lisez les lettres enflammées qu'un jeune prince adressait depuis le col de Mouzaia jusqu'à la Smalah, reprenez pas à pas la vie de Bugeaud, de Lamoricière et de leurs compagnons, et mesurez ce que la France aurait perdu si de froids calculs l'avaient privée de ce champ d'héroïsme. Les raisonnements des financiers étaient la prose. La poésie, c'étaient la Méditerranée enfin délivrée des pirates, la civilisation entrant en Afrique, les pentes de l'Atlas d'où l'œil dominait une conquête digne de la France, un champ illimité ouvert à l'activité de notre race. Pendant que M. Passy, le budget en main, discourait sur l'occupation restreinte, préconisait le protectorat de princes arabes[1], la France jetait les fondements d'un empire africain, qui devait donner des richesses à nos commerçants, des débouchés à nos produits, un aliment à notre marine, des soldats sans cesse exercés à nos régiments, des chefs vaillants à notre armée, et des colons dont l'effervescence passagère limitée aux grandes villes ne peut nous faire oublier les rares qualités de dévouement et de ténacité.

1. Le nom de protectorat n'existait pas encore. M. Passy, qui s'était jusque-là borné à critiquer, exposait à la Chambre, le 1er mai 1834, tout un projet : La France aurait gouverné directement Alger et sa banlieue; elle aurait installé des frères du bey de Tunis en qualité de beys d'Oran et de Constantine, sous la suzeraineté de la France qui aurait continué d'occuper les forts. « Auprès de ces beys, grands vassaux de la France, auraient été placés des agents chargés de les surveiller, de les éclairer, de les façonner à l'observation des conditions les plus favorables au progrès. » Le succès de la forme nouvelle de protectorat adopté en Tunisie donne un réel intérêt historique à un projet que le maréchal Clausel et M. Passy furent alors presque les seuls à soutenir. Il y revint le 24 mars 1837 et le 9 juin 1838.

Les discussions financières qui formaient le fond de sa vie ne l'absorbaient pas au point de le détourner de la politique. Malgré son isolement, sa situation s'était fortifiée à la Chambre : il demeurait avec M. Dufaure le centre d'un groupe dont le vote était souvent décisif. En 1837, il avait appuyé le ministère Molé ; l'amnistie et l'apaisement des partis, le développement des travaux publics lui avaient paru une politique sage, puis il s'était peu à peu détaché du cabinet et, en 1838, nous le voyons dans les rangs de la coalition. Il s'y trouvait avec tous les grands orateurs de la Chambre ; ce fut son excuse. Le ministère avait duré plus d'un an ; si on le laissait faire, il en durerait deux. Or ce cabinet avait pris ses principaux membres à la Chambre des Pairs. Les députés le pouvaient-ils tolérer? M. Passy soutint, avec les chefs du centre droit et toutes les gauches, que le ministère, isolé et impuissant, ne représentait pas la Chambre. M. Molé lui répondit et ne l'emporta que de 13 voix. Une dissolution donna 20 voix de majorité à la coalition.

Réélu à Louviers, M. Passy représentait dans la Chambre nouvelle la fraction la plus modérée de la coalition, celle dont l'appoint, longtemps douteux, avait déterminé un mouvement dans la Chambre et dans le pays. Les vainqueurs soutinrent la candidature de M. Odilon Barrot à la présidence de la Chambre. Le tiers parti composé des amis de M. Passy ne voulut pas s'allier avec toutes les gauches et porta à la présidence son chef qui fut élu par une majorité de 30 voix.

C'était le signal d'une heureuse réconciliation qui devait reconstituer l'union de toutes les opinions modérées pour faire tête aux opinions extrêmes. Le nouveau président de la Chambre personnifiait cette politique sage qui devait panser les blessures faites par la coalition. Après une longue crise ministérielle, M. Passy était chargé par le roi de former un cabinet; il entrait avec M. Dufaure dans un ministère que présidait le maréchal Soult.

Fidèle à la politique la plus modérée, libéral dans ses mesures, appliqué aux affaires, le ministère du 12 mai 1839 donna une année de calme aux esprits qui avaient besoin de repos. M. Passy arrivait au ministère des Finances pour assister à une de ces reprises du crédit public qui suivent les périodes agitées ; il projetait diverses réformes et, entre autres, une organisation complète des pensions civiles. La discussion du budget de 1840 fut paisible. Il prit part à la discussion des projets sur les chemins de fer. Négligée à ses débuts, reprise au milieu des expériences et des préjugés, cette grande question qui méritait la hâte n'avait subi que des retards. Les députés n'en comprenaient pas l'importance : ils se défiaient beaucoup des projets des ingénieurs, plus encore des bénéfices des compagnies. Ce fut M. Dufaure qui eut l'honneur de résoudre le problème. M. Passy ne cessa de l'y aider

Démontrant que la nécessité absolue de la construction des chemins de fer s'imposait, il déclara que si les compagnies se décourageaient, il faudrait que l'Etat construisît directement. Or l'expédient de l'Etat était mauvais. Il fallait, en un pays libre, développer l'esprit d'association. Les chemins de fer étaient une merveilleuse occasion de le faire naître. Si l'on obtient que les capitaux se concentrent pour les grandes entreprises, on aura atteint un résultat de premier ordre. « La petite propriété, dit-il, vit dans l'isolement : un peu d'égoïsme se mêle toujours à ses actes; mais les hommes dont les capitaux sont engagés dans des opérations d'intérêt public portent un intérêt plus vif aux actes du Gouvernement; ils étudient avec plus de soin les faits qui intéressent le pays ; ils s'en occupent davantage. Il y a pour les esprits un progrès véritable, un développement d'activité et d'intelligence. C'est là une force réelle dont il faut vous emparer. Faites-y bien attention, Messieurs ;

si, dans la situation présente, vous repoussez les projets de loi qui vous sont présentés, c'en est fait pour longtemps de l'esprit d'association [1]. »

C'est à l'énergie du ministère Passy-Dufaure que furent dus le salut des chemins de fer français et cette heureuse combinaison de l'initiative privée et du concours de l'Etat qui a été maintenue à travers toutes nos révolutions, et dont, à soixante ans de distance, quoi qu'en puissent dire les envieux et les violents, nous voyons les résultats également heureux pour le commerce national et pour les finances publiques.

Le rejet de la dotation du duc de Nemours amena la retraite du ministère. M. Passy reprit avec la même persévérance la suite de ses projets, les défendant comme député, avec autant de calme que comme ministre.

Vos prédécesseurs avaient été frappés de

1. 4 juillet 1839.

ses études financières. Ils avaient jugé que sa place était marquée dans la section des Finances et lorsque la mort vint atteindre le prince de Talleyrand, l'Académie lui donna pour successeur M. Passy, le 7 juillet 1838. Il s'attacha dès lors à vos travaux sans s'éloigner un instant de la Chambre.

Une des réformes auxquelles il demeurait le plus fidèle était l'abolition de l'esclavage. Saint-Domingue et la Louisiane lui avaient laissé d'ineffaçables souvenirs. Il n'est presque pas de session où, sous une forme ou sous une autre, il n'ait saisi ses collègues de propositions ou appuyé des projets. Il n'ignorait pas que Wilberforce avait renouvelé pendant seize sessions consécutives la proposition d'abolir la traite. Mémorable exemple de ténacité parlementaire qui peut être offert à ceux que le moindre échec décourage et qui s'en prennent aux institutions de leurs propres défaillances! M. Passy n'avait pas besoin de ces leçons pour être résolu à se montrer plus patient que ses auditeurs.

La législation ne peut être améliorée sous un gouvernement d'opinion, un progrès ne peut s'accomplir que si un membre des Chambres dévoue sa vie à une seule œuvre. C'est l'honneur des Compagnies comme la vôtre d'ouvrir leurs rangs à ces hommes rares et de voir réunis autour de vous, à côté de celui qui, il y a soixante ans, écrivait le premier un livre contre l'esclavage, ceux qui d'année en année ont lutté pour la protection de l'enfance, pour le progrès de nos lois pénales et pénitentiaires, pour l'amélioration de la législation dans toutes ses branches, témoignant ainsi que vos travaux sur les sciences morales et politiques, loin d'être de vaines études, contribuent à hâter la marche de la civilisation, c'est-à-dire à assurer dans le sein des sociétés humaines les idées de justice et de liberté.

De 1830 à 1847, il ne cessa d'agir et de parler; mais tandis qu'au début, il se montre très disposé aux mesures transitoires, on sent que peu à peu la hâte devient plus grande; en 1837, il dépose un vœu précis; il obtient du ministère Molé une pleine adhésion et la promesse d'une étude; en février 1838, il saisit la Chambre d'une proposition d'abolition. « On ne discute plus, dit-il, la légitimité de la servitude. » Il présente le tableau de la marche de la civilisation; il montre qu'à chacun de ses pas, de nouvelles et plus vives lumières sont venues épurer les notions de justice et de morale sur lesquelles reposent les doctrines sociales. Ce n'est plus seulement une violation des principes de la charité chrétienne, mais un attentat contre l'humanité. Les instincts de justice l'exigeaient, la conscience l'imposait, la sécurité de nos colonies ne souffrait ni hésitation, ni délai.

La Chambre des députés votait la prise en considération. En juin 1839, le premier acte de la Chambre nouvelle était d'adhérer à la proposition. Une commission extra-parlementaire ayant été chargée de l'étude du projet, M. Passy en fut l'âme.

Élevé à la pairie en décembre 1843, son entrée au Luxembourg ne ralentit son zèle sur aucune des questions qu'il avait à cœur de défendre.

En 1845, il prit une grande part au débat sur l'esclavage qu'avait soulevé le projet du ministre de la Marine.

Il montra dans nos colonies l'esclavage frappé à mort par les votes du Parlement anglais; mais il s'attacha surtout à décrire l'état des propriétaires d'esclaves :

« Toutes les institutions, dit-il avec force, ont leur action sur les idées et sur les sentiments et, quand elles sont profondément iniques, ce n'est pas toujours sur les opprimés seulement qu'elles exercent leur fatale influence. Si l'esclavage abrutit, dégrade, énerve, corrompt les malheureux qui le subissent, l'esclavage réagit aussi sur ceux qui lui doivent leur suprématie. Il leur ôte cette droiture de sens, cette liberté d'esprit dont les hommes ont besoin pour juger sainement de leurs intérêts, pour apprendre à remplir leurs devoirs envers leurs semblables.

« Je le répète : si l'institution de l'esclavage corrompt les esclaves, elle atteint aussi chez les maîtres la distinction du vrai et du juste. »

Puis, faisant allusion aux plaidoyers en faveur des maîtres que venait d'écouter la Chambre des Pairs : « Vous avez entendu, disait-il, sur l'état des noirs des dissertations que je ne puis comprendre. J'ai vu aussi les colonies, et je crois savoir quelque peu ce qui s'y passe. En vérité, quand on vous peint chaque habitation comme une bergerie du Lignon, où tout est bienveillance, je voudrais que, pour leur instruction, certains hommes allassent voir par leurs propres yeux les faits. »

A ce qu'il appelait un roman, il opposait les réalités : aux colonies, parmi les noirs, il n'y avait ni affranchissements, ni mariages, et il concluait que ce qui se passait à la Guadeloupe et à la Martinique n'était pas un fait particulier, mais un phénomène universel : jamais les membres d'une caste privilégiée, quelque pouvoir qu'ils aient, ne le jugent excessif... Entre deux classes que le malheur d'une institution inique sépare , le Gouvernement doit intervenir.

Il obtenait l'adoption d'amendements favorables, et faisait voter la loi qui préparait l'abolition (12 avril 1845).

Les discussions plus calmes du Luxembourg n'avaient refroidi ni ses convictions ni son activité. Les lois de finances l'appelaient régulièrement à la tribune; l'accroissement des dépenses l'inquiétait, mais il dénonçait surtout avec force l'insuffisance de l'amortissement, répétant qu'une nation qui, pendant la paix, ne s'efforce pas de réduire sa dette, ne cesse de s'affaiblir : « Toute puissance, disait-il en insistant, qui éteint sa dette, acquiert une force proportionnée à la quotité de la réduction. Si vous n'imitez pas les puissances qui remboursent, vous décroissez proportionnellement [1]. »

M. Passy préparait et communiquait à l'Académie, en des lectures savantes, son bel ouvrage consacré aux *Systèmes de culture et à leur influence sur l'Économie sociale*. Jamais il n'avait montré une pénétration plus fine; cette étude plaçait votre confrère au premier rang.

Les droits de douane et leur exagération l'alarmaient vivement. « Les intérêts privés, avait-il coutume de dire, ont leur hallucination. » Un projet relatif à la suppression de la fabrication du sucre indigène et du rachat des raffineries lui donna l'occasion d'exprimer sa pensée avec autant de force que de mesure. Après avoir rendu hommage à la concurrence, source de tout effort et de tout progrès, il montre l'aversion qu'elle inspire aux industries dont elle limite les bénéfices. Dans la lutte des intérêts privés, l'État doit scrupu-

1. Discours du 30 mai 1845.

leusement s'abstenir. Si on leur laissait croire que le Gouvernement peut les protéger ou les tuer, les industries ne manqueraient pas de se ruer sur les pouvoirs publics pour obtenir leurs faveurs. Cette excitation gagnerait de proche en proche.

« Vous arriveriez, dit-il, à ce déplorable résultat, c'est d'amener une lutte vive, violente entre tous les hommes qui croient que le travail d'autrui nuit au débit de leurs propres produits. Vous jetteriez au sein des classes industrielles de France des divisions anarchiques, des prétentions emportées que jamais vous ne pourriez contenir [1]. »

Sa parole triompha de toutes les résistances : il fit rejeter le projet de monopole.

Les discussions politiques des derniers temps de la monarchie ne l'attirèrent pas. Il était alarmé de la durée du long ministère; on le savait partisan de la réforme électorale; mais il réservait son intervention aux

1. Discours du 16 mai 1843.

questions qu'il avait de tout temps débattues. Huit jours avant la chute, il discutait la loi sur le travail des enfants dans les manufactures. La veille même, le 23 février 1848, il faisait un discours en faveur de l'émancipation des noirs, et descendait le dernier de la tribune où aucun pair de France ne devait plus remonter après lui.

Il n'était pas de ceux qui se faisaient illusion. Appelé des premiers par le comte Molé chargé de former dans la soirée un cabinet, il déclara qu'il ne s'agissait ni d'une crise ministérielle ni d'une émeute, mais d'une révolution. Il vit périr avec douleur les institutions qu'il avait servies. Il croyait qu'elles étaient appelées à tenir dans l'évolution de notre démocratie une place plus longue, qu'elles préparaient, par de sages transactions et avec une expérience prolongée, l'éducation du peuple. Sa déception fut vive; il eût été disposé à dire, comme un homme d'État qui semble avoir réservé pour l'histoire toute sa perspicacité : Nous avions cru trop tôt que nos destinées étaient accomplies.

Le gouvernement de Juillet, qu'il me soit permis de le dire, ressemblait à M. Passy. Il faisait, sans se lasser, appel à la plus haute raison, et dédaignait un peu trop l'imagination. Il fit beaucoup pour le peuple, et ne sut rien faire pour l'en persuader. Jamais en notre siècle, et peut-être en tous les siècles, la philosophie politique n'a eu plus de part aux grandes affaires; jamais la conduite de l'État n'a été remise à des mains plus honnêtes, au service d'esprits plus élevés; mais ces mérites échappaient à la foule. On lui répétait qu'elle était oubliée, négligée et dupe; elle finit par le croire, et, d'un coup de force qui était un coup de tête, elle brisa un instrument dont les ressorts étaient trop délicats pour elle.

M. Passy assista avec inquiétude aux explosions qui suivirent le 24 Février; il vit se développer les symptômes précurseurs d'une révolution sociale; il entendit des voix jusque-là silencieuses qui s'élevaient dans les villes comme dans les campagnes en murmurant : pourquoi des riches? pourquoi des pauvres?

Lorsqu'au lendemain d'une insurrection qui avait ensanglanté Paris, l'Académie des Sciences Morales et Politiques fut invitée par le général Cavaignac à réfuter quelques-unes des utopies qui ravageaient les cerveaux, vos prédécesseurs se mirent à l'œuvre avec zèle : par un phénomène sans précédents, c'étaient les penseurs qui étaient appelés à défendre la cité. A M. Cousin, on dut un éloquent chapitre sur la Justice et la Charité. A M. Troplong, la Propriété dans le Code civil. M. Hippolyte Passy, prêt le troisième, répondit à l'appel en donnant un petit traité intitulé *les Causes de l'inégalité des richesses*.

Le titre de cette étude n'en laisse pas entrevoir l'originalité. Sur les causes, M. Passy ne s'étend guère. Ce que, de la première page à la dernière, il entend démontrer : c'est l'utilité de l'inégalité des richesses. Il y voit le mobile essentiel de l'activité humaine; il affirme que, sans elle, l'humanité s'arrêterait; elle est la source de tout progrès, la cause de tout effort, l'objet de toute ambition. Remontant à l'origine des sociétés, il montre l'homme absorbé par un souci unique : le soin de réunir les aliments nécessaires à sa vie; il n'a le temps ni de penser, ni de créer; du jour où il a accumulé une provision, il peut améliorer son existence et pourvoir aux besoins accessoires. Avec l'épargne qui lui donne le temps de réfléchir, sa pensée plus libre s'élargit. Sans les capitaux, l'intelligence ne peut donc rien. Dans les temps modernes, il en est de même : l'aisance facilite l'instruction ; la richesse a un rôle essentiel dans l'œuvre de la civilisation; elle encourage les recherches, fournit le capital à l'industrie, lui donne ainsi l'impulsion. Le riche, en un mot, a un rôle social.

M. Hippolyte Passy expose avec clarté et démontre avec force que l'inégalité des richesses n'est pas un accident dans la vie des sociétés, ni l'effet d'une rigueur providentielle dont nous ayons à nous plaindre, mais un moyen pris par le Créateur dans l'intérêt de l'humanité.

En écrivant et en publiant ce traité, votre confrère faisait œuvre de moralité et de bon citoyen. Comme tout savant, il était convaincu que la science, image de l'éternelle vérité, doit nécessairement apaiser les esprits.

Quand M. Odilon Barrot lui offrit, au lendemain de l'élection du Président de la République, d'entrer dans le cabinet du 20 décembre, il lui parut qu'il s'agissait d'un devoir et d'un sacrifice. Il était de ceux qui avaient à cœur de sauver la France de l'anarchie. Il n'hésita pas.

M. Hippolyte Passy rentrait au ministère des Finances en décembre 1848, neuf ans après en être sorti, l'esprit très libre, se sentant prêt à accomplir tous ses devoirs, en bon serviteur de son pays.

Comment l'ancien pair de France parvint-il à se faire écouter de 900 élus du peuple dont il n'était pas le collègue? Jamais il ne fut plus évident que pour agir sur les hommes réunis en assemblée, pour s'imposer à leur volonté et les conduire, il n'existe que deux forces : la compétence et le courage. M. Passy avait l'une et l'autre.

De longues études théoriques, dix-huit ans passés à examiner les comptes et les budgets, avec autant de minutie que s'il avait eu à les dresser, une mémoire qui retenait les moindres détails et excellait à les classer, une parole facile qui exposait avec clarté, réfutait sans emportement, se trouvait toujours au niveau de la discussion, en ayant l'art de varier le ton avec mesure, soit qu'il parlât d'affaires ou soutînt une doctrine, tels étaient les dons qui frappèrent une assemblée agitée, trop nombreuse et ayant traversé les plus terribles crises, sans apprendre à se gouverner.

M. Thiers a dit qu'un ministre des Finances devait être féroce, et le mot a fait fortune.

M. Passy montre ce premier mérite quand il repoussait avec la dernière énergie les réductions d'impôts qui étaient proposées de toutes parts et qu'il dénonçait comme des actes de faiblesse inconsidérés.

Mais ce qui n'est pas moins nécessaire à celui qui gère les finances de l'État, c'est une absolue sincérité.

Ce n'était pas un acte de médiocre courage que de monter à la tribune, huit jours après l'avènement du ministère, et en face d'une assemblée élue par le suffrage universel, apportant avec elle tous les mécontentements d'un pays qui, au milieu de la ruine, en plein arrêt de travail, avait vu d'un trait de plume le Gouvernement provisoire augmenter, par décret, de 45 centimes le principal de l'impôt foncier, d'oser dire que cet acte, qui avait soulevé les colères publiques, était justifié. M. Passy était étranger aux hommes qui en avaient assumé la lourde responsabilité ; il n'avait ni à la partager, ni à les défendre.

Son initiative est un des rares actes de

courage civil qu'aient vus ces temps troublés. Devant cette assemblée qui aurait voulu, comme tous les hommes, se faire illusion, il déchira les voiles, montra l'énormité du découvert de 1849 qu'il ne craignait pas d'évaluer à plus de 500 millions, et comme les représentants effrayés protestaient :

« Vous le voyez, Messieurs, reprit-il, je vous dis quelle est la situation; je vous le dis dans toute sa réalité, sans réserve et sans dissimulation. J'ai vu dans des temps difficiles, des ministres des Finances s'attacher à dissimuler une partie du mal existant, s'attacher à cacher les côtés sombres de la situation. Si je le faisais aujourd'hui, moralement ce serait un tort, politiquement ce serait une maladresse. La vérité doit être dite; la vérité, il faut que le pays la sache; il faut que le pays qui se gouverne par lui-même sache à quel point ses finances sont engagées » (27 décembre 1848). En échange de ces dures vérités et pour les faire accepter, il ne faisait ni concessions ni promesses.

Son second discours est encore plus net : « Il y a une chose commode pour les assemblées; c'est de diminuer les recettes et de demander des dépenses nouvelles; c'est une pente dangereuse », et plus loin : « Le devoir d'une assemblée, entendez-moi bien, c'est de ne rien dire qui puisse affaiblir dans les contribuables le sentiment du devoir envers l'État, qui puisse leur laisser des doutes sur l'obligation morale qui s'attache à l'acquittement de leurs contributions. » (2 janvier 1849.)

Il fallait enseigner aux députés les secrets des finances, sans avoir l'air de faire un cours; il fallait avoir toutes les qualités du professeur, sans aucun des défauts du pédant. Chacun de ses discours contient une parcelle de vérité. On sent que peu à peu il pénètre.

A ceux qui préconisent de nouveaux impôts qu'ils traitent de panacée, il apprend à juger la valeur en matière financière des innovations hâtives; à ceux qui critiquent une ancienne taxe dont ils croient avoir découvert les défauts, il répondait : « Si je venais prendre ici les impôts, quels qu'ils soient, les examiner, les détailler, il n'y en a pas un seul qui échapperait à l'analyse, pas un seul que je ne montrerais infiniment nuisible, tantôt à la production, tantôt à la circulation des richesses. » Le vrai, c'est que le plus souvent un ancien impôt, même médiocre, est moins lourd pour le contribuable que le meilleur des impôts nouveaux.

Le temps passe, les générations se succèdent, et il demeure éternellement vrai que toute taxe nouvelle augmente les charges, tandis que la suppression d'un impôt ne présente qu'un profit insensible.

Heureuses les assemblées qui entendent de telles vérités et qui savent en comprendre la valeur !

En mars et avril 1849, c'est-à-dire pendant toute la discussion du budget de 1849, qui n'avait pas échappé, comme dans tous les temps troublés, à la loi des douzièmes provisoires, M. Passy demeura chaque jour sur la brèche, repoussant les utopies, acceptant les réformes, mais intraitable sur les rejets de crédits qui mettraient en suspicion la probité de l'État et compromettraient la signature de la France.

En cinq mois de ministère, il avait repoussé tous les assauts, obtenu pour ses projets des majorités et n'avait pas sur la conscience une seule avance à la popularité.

Il fut cependant élu deux fois à l'Assemblée législative. A l'Eure, qui, cette fois, lui rendait son mandat en le nommant le premier de la liste, se joignait le département de la Seine qui le choisissait le neuvième sur 28.

Un grand courant entraînait la France; elle voulait un Gouvernement qui la rassurât contre le retour des émeutes. Les électeurs allaient chercher ceux qui haïssaient le désordre. Il était tout naturel qu'ils rendissent hommage au courageux ministre qui avait cherché à rétablir le crédit public.

Le 2 juin 1849, M. Passy faisait partie du cabinet reconstitué par M. Odilon Barrot.

La majorité de l'Assemblée législative n'était pas douteuse ; le Gouvernement avait voyagé jusque-là en pays inconnu; à dater de ce moment, il était assuré contre les violences et les coups de tête de la Montagne; mais les difficultés politiques, quoiqu'elles vinssent de la majorité elle-même, n'étaient pas moins grandes.

M. Passy se consacra au budget de 1850, qui est son œuvre propre. Le futur exercice se présentait avec un déficit considérable. Il trouvait des ruines à réparer; avant lui, dans l'automne de 1848, l'Assemblée constituante, pour plaire aux foules, avait imaginé de supprimer certains impôts, à partir du 1er janvier 1850; flatterie facile, à la portée de tous les courtisans du peuple, prêts à leurrer d'espoirs les misères publiques, sans se soucier de réaliser les réformes dont ils grèvent l'avenir!

Dans les premiers jours d'août était déposé

un projet de budget sincère où s'équilibraient les dépenses et les recettes.

Grâce à un gouvernement modéré dans son principe et ferme contre l'anarchie, l'ordre rentrait peu à peu dans les esprits et dans les lois.

Celui qui méditait dès lors le renversement de la République ne voulut pas laisser plus longtemps aux libéraux l'honneur et le profit de cette politique. Un ministère répondant à sa pensée personnelle inaugura la lutte qui était nécessaire pour aboutir à la rupture. M. Passy reprit sa place à son banc de député, résolu à ne pas créer d'embarras à ses successeurs, à discuter les affaires en pleine loyauté, à s'acquitter jusqu'à la dernière heure de son mandat.

Le coup d'État trouva M. Passy à son poste. Il fut de ceux qui protestèrent en une dernière séance contre la violation du droit; arrêté avec ses collègues, il fut conduit avec eux au Mont-Valérien.

Le silence est le châtiment des peuples.

Notre pays allait y être soumis pendant une longue période.

L'épreuve était rude pour les hommes d'État que, depuis trente ans, la France avait appris à respecter. Il n'y a pas de déchirement plus cruel que la défaite des idées. Philosophes, littérateurs, historiens, tous reprirent leurs grandes études : ils se donnèrent des missions; en pleine force de l'âge, les vaincus du coup d'État surent se faire une existence nouvelle.

Vous êtes réunis, Messieurs, dans la salle même qui a servi de refuge à la pensée, où la parole est demeurée libre, au milieu du silence universel, où s'élevait la voix de Guizot et de Berryer que la tribune n'entendait plus, la voix de Lacordaire pour qui la chaire était fermée.

Pendant que Tocqueville préparait ses méditations sur la Révolution, que Thiers achevait l'histoire de l'Empire, que Dufaure ajoutait une page glorieuse aux annales du barreau, dans cette vieille demeure, à quelques pas de nous, Cousin et Rémusat parlaient de philosophie; Jules Simon n'allait pas tarder à les rejoindre; les discussions sur l'éducation, sur le régime pénal, sur les questions de droit et d'économie politique prenaient une importance et une étendue nouvelles. Hippolyte Passy était de tous les débats. Apportant à l'Institut cet esprit de ponctualité qui était la règle de sa vie, il prenait part à tous les travaux : délibérations de section, rapports sur les concours, présentations de travaux de savants étrangers, toutes les formes de l'activité académique le trouvaient prêt; mais les grandes discussions plaisaient particulièrement à la nature de son esprit.

C'était le péril de notre Académie, et cela a été son honneur, de renaître au milieu d'une société très troublée et d'en partager toutes les ardeurs, de traverser le siècle le plus agité, les débats les plus violents, d'assister à plusieurs révolutions, de passer du régime des Chartes à la démocratie pure, de la République où tout se discutait, même le principe de l'État, au régime impérial où les assemblées elles-mêmes étaient muettes, puis de revenir vers les formes démocratiques, sans que notre compagnie se montrât factieuse, sans qu'elle consentît jamais à se courber ou à se taire.

Le jour où toute une génération qui avait grandi par la liberté, qui s'était illustrée à la tribune, qui avait gouverné les affaires, qui emportait dans la retraite des convictions profondes, qui se sentait vaincue mais non découragée , se voyait tout d'un coup exilée dans son propre pays, ne pouvait-elle pas céder à la tentation d'étendre sans mesure le champ des discussions académiques? Sous prétexte de sciences politiques, n'était-il pas possible de tout dire? L'attrait était vif. En demeurant maîtresse d'elle-même , l'Académie a rendu un hommage et un service mémorable aux sciences morales dont elle avait la garde. M. Cousin, M. Guizot, M. Passy ont compris, comme M. Mignet, et à son exemple, qu'il y avait des traditions à créer et qu'il fallait montrer à leurs successeurs ce qui séparait la discussion scientifique de la discussion politique.

A ceux qui seraient jamais tentés de les confondre, ils ont donné une leçon.

Il voyait se mêler avec joie aux discussions académique et aux luttes du dehors un économiste digne de lui, portant son nom dans la science et entré à l'Académie pour y continuer sa tradition. Il était heureux de recevoir en son bataillon de telles recrues. Il aimait l'économie politique pour elle-même; il avait en elle une foi profonde et se préoccupait vivement des périls qui de divers côtés pouvaient l'assaillir.

Pourquoi le nier? L'économie politique a des ennemis. C'est le sort commun des sciences qui, se mêlant des passions, conseillent à l'homme de les refréner. L'économiste a le respect de la loi du travail. Contre lui se dresse la paresse humaine. Il s'élève contre les excès qui sont des pertes de force. On l'accuse de sévérité outrée. Il montre quelles sont les lois de la répartition des richesses et les conditions du bonheur. On s'élève contre le pédantisme économique. Il engage les hommes à multiplier leurs efforts et à borner leurs désirs.

Quand on viole la justice, il la défend; quand on porte atteinte à la liberté, il en est le champion; il dit à tous leurs vérités, quelle que soit leur part de souveraineté, qu'ils soient rois, empereurs ou députés. M. Passy revendiquait ce droit de la science, sans raideur ni faiblesse; l'ingérence de l'État annulant la liberté des citoyens lui semblait le plus grand péril.

Il prévoyait dès lors ce qui est l'écueil des démocraties. Grandir démesurément le rôle de la puissance publique, substituer à un César omnipotent, forme surannée de la tyrannie, cette entité moderne de l'État, faisant tout, préparant tout, héritière des droits du roi et du peuple, devenant une sorte de Providence laïque bien autrement jalouse, puisqu'à la différence de la Providence divine, elle ne laisse pas à l'homme sa liberté.

M. Passy ne se lassait pas de défendre nos sociétés contre cette absorption universelle.

Son autorité comme économiste venait de sa profonde observation des faits. Il n'était pas de ceux qui entendaient asservir l'économie politique à des lois mathématiques, comme si elle avait affaire à des éléments fixes, à des quantités numériques, à des forces d'une invariable intensité.

Votre confrère ne cessa de lutter contre cette invasion des idées absolues. L'homme était l'objet constant de ses études ; il recherchait ses besoins, analysait sa nature, aimait à rattacher aux phénomènes de travail et de richesses les éléments si variés que dominent la philosophie, la morale, la législation et l'histoire.

M. Passy faisait le tour des connaissances humaines en pensant, avec l'intime satisfaction d'un esprit incapable de se lasser, que le domaine de ses investigations était sans bornes. Tout l'intéressait; il allait d'un fait à l'autre, d'une notion rapportée par un voyageur à l'invention d'un savant, de la découverte d'un manuscrit soulevant un voile du passé à la statistique publiée la veille, parlant avec la même aisance de l'Amérique ou de la Chine, de l'empire romain ou de la France, de l'impôt ou de la lutte contre le socialisme.

Il vous soumit de nombreux mémoires. Les résumer serait refaire le tableau de ses études encyclopédiques. Ses analyses étaient toujours profondes; ses résumés étaient saisissants [1]. Il publia à la fin de sa vie, en les étendant, les chapitres qu'il vous avait lus sur les *Formes de Gouvernements*, où on retrouve la plupart des idées qu'il a soutenues dans le cours de sa vie.

Son œuvre académique, si elle était rassemblée, formerait plusieurs volumes où,

1. Les articles qu'il donna au Dictionnaire d'Économie Politique sont des modèles de concision scientifique.

parmi les sujets les plus variés, éclaterait autant de force que de bon sens.

Il vivait au milieu de vous, comme au milieu des siens. La Société d'économie politique qu'il avait contribué à fonder en 1842 et dont il était devenu en quelque sorte le président perpétuel et le *Journal des économistes* étaient, en dehors de l'Institut, ses seuls attachements. Il s'était absolument retiré de la politique active. La chute de l'Empire qu'il avait prédite ne le surprit pas, mais il ne conçut point un instant le désir de rentrer dans l'action. Au milieu de l'invasion, il avait repoussé toute avance et désigné déjà pour représenter le département de l'Eure le fils de son frère aîné, qui est devenu, depuis, un des nôtres.

Il survécut dix ans à nos douleurs patriotiques, les ressentant avec vivacité, les expliquant avec ce goût qu'il avait toujours eu pour la recherche des causes, n'aimant pas à se payer de mots, allant au fond de tout.

Son autorité qui s'était manifestée dès le

début avait toujours été en croissant. Ses confrères respectaient son caractère; ils avaient pris l'habitude de le voir toujours à la même place, assidu aux séances et fidèle aux idées; prêt à toutes les missions, ne se refusant à aucune tâche, disposé à écrire, à agir, à parler pour le service de notre compagnie. Avec son habituelle solennité, M. Cousin l'avait défini d'un mot : « Passy, disait-il, ce n'est pas un académicien, c'est l'Académicien! »

Je suis tenté de croire qu'en raillant, le traducteur de Platon voulait définir l'infatigable causeur. M. Passy se plaisait à parler; jadis, dans les couloirs des Chambres, il réunissait autour de lui ses collègues et ne se lassait pas de développer sa pensée ; le matin, chez lui, ses visiteurs, loin de le déranger de ses travaux, le charmaient en lui donnant l'occasion d'exposer ses idées ; il aimait toutes les réunions d'hommes parce qu'il pouvait y rencontrer des auditeurs. Il attirait les jeunes gens; son érudition était prête sur toutes les questions. Sur un mot, sur le titre d'un sujet, il communiquait libéralement toutes les indications que lui fournissait la plus vaste mémoire au service d'une infatigable bonté.

Seulement ce genre d'esprits, dont l'espèce devient assez rare parmi nous, est sujet à une mésaventure. Tout est à craindre, si deux causeurs se rencontrent. Le choc est terrible et dans la suite, tout naturellement, par instinct ou par réflexion, ils s'évitent. En veut-on un exemple? Depuis leur jeunesse, M. Thiers et M. Passy avaient marché dans la même voie, siégeant sur les mêmes bancs, combattant les mêmes adversaires : en avançant dans la vie, leur contact devint plus difficile et plus rare; quand ils se quittaient, tous deux se plaignaient : « Passy est un bavard! » disait l'un, et l'autre s'écriait : « Je n'ai pas pu placer un mot. »

La jeunesse est mal venue à médire des causeurs; ce sont des trésors où elle doit de bonne heure apprendre à puiser.

Quand un vieillard jouit de toutes les facultés de l'esprit, sa conversation est incomparable. La légèreté seule en sourit. Il y avait dans l'expérience de M. Passy la matière de vingt ouvrages dont aucun n'a vu le jour.

Il se défiait de lui-même. Il ne voulut pas que ses papiers, ses manuscrits, des travaux inachevés lui survécussent; dans les dernières années, il livra au feu toutes ses archives. Par un sentiment d'excessive délicatesse, il nous a privés des correspondances politiques, des notes, des souvenirs qui eussent éclairé plus d'une obscurité de l'histoire.

L'Académie trouve dans ses annales la preuve de ce qu'elle a perdu. En 1840, une ordonnance royale la chargeait de dresser un tableau du progrès des sciences morales et politiques dans le demi-siècle qui s'était écoulé depuis 1789. Chaque section se mit à l'œuvre. Seule, l'Économie politique acheva sa tâche. Comment s'étonner de sa ponctualité? Elle avait choisi pour rapporteur

M. Passy. De ce grand travail il n'est demeuré aucune trace et quand il s'est agi de reprendre l'œuvre avortée, nous avons constaté que l'auteur avait détruit un manuscrit offrant sur le développement de l'économie politique un résumé précieux, et destiné à faciliter la tâche que pour l'honneur de l'Académie nous vous avons proposé d'entreprendre.

Du moins, ce qu'il a dit et pensé demeure dans nos Comptes rendus. Il n'est pas un des cent dix volumes publiés depuis l'origine qui ne contienne la trace de son action et comme l'écho de sa parole. C'est là où nous le retrouvons tout entier.

En lisant ses communications si variées et si vives, nous entendons encore sa voix qu'il ne forçait jamais et qui portait avec elle un accent de conviction simple; nous nous souvenons de ses vivacités sans aigreur, de ses ardeurs dans une discussion qui ne blessait pas. Nous voyons ce grand vieillard, mince et droit, cette tête fine et intelligente, couronnée de cheveux blancs, attentif à toutes les lectures, parlant après la séance, quand il n'avait pas donné publiquement son avis, s'intéressant à la science sous toutes ses formes et ne sortant de son calme que pour redresser l'erreur et condamner avec une égale force la violence ou l'indifférence. C'est ainsi que sa vieillesse se prolongeait sans affaiblir sa pensée. Profondément déiste, spiritualiste convaincu, il se contentait dans la pratique de la vie d'une philosophie qui professait l'immortalité de l'âme et se confiait en la Providence, résolu, quand Dieu l'appellerait, à demander à la religion dans laquelle il était né ses dernières prières. Au milieu de ses lectures et de ses réflexions, il atteignait doucement, en pleine paix de conscience, les limites de la vie [1].

Il avait traversé les passions humaines sans être leur esclave; il n'avait été étranger à aucune des ardeurs de son siècle. Héroïsme de la jeunesse, activité de l'âge mûr, réflexions

1. Il allait achever sa quatre-vingt-septième année lorsqu'il mourut le 1er juin 1880.

de la vieillesse, tout en sa vie était venu à point et avait été ordonné. Tour à tour, il avait vaillamment combattu sur les champs de bataille de l'Empire, s'était préparé dans la retraite sous la Restauration, avait servi deux gouvernements libres, pris part aux affaires sans encourir la haine d'aucun parti, s'était fait l'interprète de la science pendant trente ans. D'autres ont pu jeter plus d'éclat, remuer davantage l'imagination des hommes, agir plus profondément sur leur temps. Aucun n'a eu plus de suite dans le travail, aucun après lui ne nous offrira un portrait plus fidèle de ce qu'a été dans le siècle qui finit un honnête homme, décidé à appliquer au gouvernement des sociétés les principes de la science.

HIPPOLYTE PASSY

SA VIE

[PASSY (Hippolyte-Philibert), fils de Louis-François Passy et de Hélène-Pauline Jacquette d'Aure.

1793.	16 octobre.	Né à Garches (Seine-et-Oise).
1809.	14 décembre.	Élève à l'Ecole de cavalerie de Saint-Germain.
1812.	19 avril.	Sous-lieutenant au 8e régiment de hussards.
	10 décembre.	Prisonnier de guerre à Vilna.
1813.	17 juillet.	Evadé, a rejoint le 8e hussards.
	13 septembre.	Lieutenant.
	17 décembre.	Lieutenant de jeune garde aux Dragons de la garde impériale.
	22 décembre.	Adjudant-major au 8e hussards.
	23 décembre [1].	Membre de la Légion d'honneur.
1814.	2 mars.	Aide de camp du général Belliard.
	5 avril.	Chef d'escadron (nomination non confirmée, suivant avis du 18 octobre 1814).

1. Il aurait été décoré de la main de l'Empereur le 15 octobre précédent.

1815.	11 janvier.	Capitaine avec rang du 2 mars 1814.
	13 avril.	Nommé à nouveau chef d'escadron (nomination annulée en vertu de l'ordonnance du 1er août 1815).
	1er septembre.	Mis en non-activité.
1817.	21 mai.	Réformé sans traitement pour s'être rendu sans autorisation aux États-Unis.
1818.	10 juin.	Réintégré dans le tableau des capitaines en non-activité à réemployer.
1819.	9 juin.	Capitaine de remplacement au régiment des hussards de la Meurthe.
1823.	31 janvier.	Démissionnaire [1].]
1830.	Octobre.	Elu député par le collège départemental de l'Eure.
1831.	27 janvier.	Nommé membre du Conseil général de l'Eure.
	Juillet.	Elu député de Louviers.
1834.	26 janvier.	Président de la Commission du budget.
	Juin.	Réélu député de Louviers.
	7 août.	Vice-président de la Chambre des Députés.
	10 novembre.	Ministre des finances.
	18 »	Démissionnaire.

1. Tout ce qui précède, entre crochets, est transcrit d'après les états de service conservés au Ministère de la Guerre.

	9 décembre.	Réélu député de Louviers.
	15 »	Réélu vice-président de la Chambre.
1836.	22 février.	Ministre du commerce et des travaux publics (cabinet Thiers).
	22 mars.	Réélu député de Louviers.
	Septembre.	Chute du ministère Thiers.
1837.	6 novembre.	Réélu député de Louviers.
	27 décembre.	Vice-président de la Chambre.
1838.	7 juillet.	Elu membre de l'Académie des sciences morales et politiques à la place de M. de Talleyrand.
	20 décembre.	Vice-président de la Chambre.
1839.	2 mars.	Réélu député de Louviers.
	16 avril.	Président de la Chambre des députés.
	12 mai.	Ministre des Finances (cabinet Soult).
	9 juin.	Réélu député.
1840.	20 février.	Démission du cabinet.
1841.	2 janvier.	Vice-président de l'Académie des Sciences morales et politiques.
1842.	Janvier.	Président de l'Académie.
	11 juillet.	Réélu député.
1843.	16 décembre.	Elevé à la Pairie.
1848.	20 décembre.	Ministre des Finances (cabinet Odilon Barrot).
1849.	Mai.	Election à l'Assemblée Législative. Elu le 1er dans l'Eure, le 9e dans la Seine.
	2 juin.	Ministre des Finances (cabinet reconstitué par M. Odilon Barrot).

31 octobre. Le cabinet Barrot est congédié par le président.

1851. 2 décembre. Arrêté à la mairie du Xe arrondissement, interné au Mont-Valérien.

1857. 3 janvier. Elu vice président de l'Académie.

1858. Janvier. Président de l'Académie.

1880. 2 juin. Sa mort.

SES OUVRAGES

---

1. **L'aristocratie dans ses rapports avec les progrès de la civilisation.** Paris, in-8°, 1826.
2. **Des systèmes de culture et de leur influence sur l'économie sociale.** Paris, in-8°, 1846.
3. **Des causes de l'inégalité des richesses** (fait partie des Petits Traités publiés par l'Académie des sciences morales et politiques). Paris, in-12, 1848.
4. **Dictionnaire de l'Economie politique**, Paris, in-8°, 1852. Articles signés : *Agriculture*, *Climat*, *Impôt*, *Rente du sol*, *Valeur*, *Utilité*, *Utopie*.
5. **Introduction** à l'ouvrage de M. Minghetti intitulé : *Des rapports de l'Economie politique avec la morale et le droit.* Paris, 1863, in-12.
6. **Des formes de gouvernement et des lois qui les régissent**, 1re édition, 1870; 2e édition, Paris, in-8°, Guillaumin, 1876.

SES TRAVAUX ACADÉMIQUES

(MÉMOIRES, DISCOURS ET RAPPORTS)

1. **Discours prononcé au nom de l'Académie des sciences morales et politiques lors de l'inauguration de la statue de Broussais au Val-de-Grâce en 1841.** Paris, in-8°, 1841.

2. **Discours prononcé aux funérailles de M. Jouffroy, le 3 mars 1842.** Paris, in-4°, 1842.

3. **Discours d'ouverture prononcé à la séance publique de l'Académie, le 28 mai 1842,** par M. Passy, président. Paris, in-4°, 1842. C. R., t. I, p. 380.

4. **Discours prononcé aux funérailles du comte Alexandre de Laborde, le 22 octobre 1842.** Paris, in-4°, 1842.

5. **Discours prononcé aux funérailles de M. le baron de Gérando, le 14 novembre 1842.** Paris, in-4°, 1842.

6. **Rapport sur les moyens de prévenir et de soulager la misère** (Prix Beaujour). 1845. C. R., VIII, p. 5.

7. **Rapport sur l'Ecole des physiocrates** (Prix du budget). 1847. C. R., XII, p. 45.

8. **Mémoire sur la diversité des formes de gouvernement.** 1855. *Mémoires*, t. X, C. R., t. XXXIII, p. 5, 355.

9. **Discours prononcé à l'occasion du renouvellement du bureau de l'Académie, le 3 janvier 1857.** C. R., t. XXXIX, p. 160.

10. **Rapport sur le concours ouvert au sujet de la rente des terres, lu dans la séance du 24 avril 1858.** *Mémoires*, t. X, 1860, in-4°. C. R., XLIV, p. 391.

11. **Discours prononcé aux funérailles du comte Portalis, le 7 août 1858.** Paris, in-4°, 1858.

12. **Discours prononcé à la séance publique de l'Académie par M. Passy, président, le 7 août 1858.** C. R., XLV, p. 419.

13. **Discours prononcé en quittant le fauteuil de la présidence, le 8 janvier 1859.** C. R., t. XLVII, p. 469.

14. **Rapports sur les institutions de crédit** (prix Beaujour). 1860 et 1863. C. R., LI, p. 70; LXIII, p. 379 et 464.

15. **Rapport sur la vie de Turgot** (prix Léon Faucher). 1863. C. R., t. LXIII, p. 97.

16. **Rapport sur le prêt à intérêt** (prix du budget). 1863. C. R., LXIV, p. 169.

17. **Rapport sur la circulation fiduciaire** (prix du budget). 1866. C. R., LXXVI, p. 305.

18. **Rapport sur l'influence exercée sur le taux des salaires par l'état moral et intellectuel des populations ouvrières** (prix Bordin). 1867. C. R., t. LXXXII, p. 5.

19. **Rapport sur le prix Morogues.** 1868. C. R., t. LXXXVI, p. 181.

20. **Rapport sur l'impôt foncier et ses effets économiques** (prix du budget). 1870. C. R., XCII, p. 5.

21. **Mémoire sur le gouvernement de Rome et sur les causes qui en décidèrent les transformations.** 1870. C. R., XCIII, p. 267; XCIV, p. 39, 61.

22. **De l'influence exercée sur les formes de gouvernement par les progrès de la civilisation.** 1870. C. R., XCIV, p. 346.

23. **De la démocratie dans ses rapports avec les formes de gouvernement.** 1871. C. R., XCV, p. 89.

24. **De l'influence exercée sur les progrès de la civilisation par la diversité des formes de gouvernement.** 1871. C. R., XCV, p. 373.

25. **Rapport sur l'influence exercée par les climats sur le développement économique des sociétés humaines** (prix Bordin). 1873. C. R., C, p. 289.

26. **Rapport sur le capital et les fonctions qu'il remplit dans l'économie sociale** (prix Bischoffsheim). 1876 et 1878. C. R., t. CV, p. 5; t. CX, p. 449.

27. **De l'histoire dans ses rapports avec les sciences sociales et politiques.** 1878. C. R., t. CX, p. 386, 669 et 826.

DISCUSSIONS ACADÉMIQUES

1. **De l'organisation industrielle et de la législation douanière avant Colbert.** (Observations sur les corporations industrielles, par MM. Ch. Lucas, H. Passy et de Rémusat.) — 1843, t. III, p. 217.

2. **L'or et l'argent considérés comme étalons de valeurs.** (Observations sur le mémoire de M. Léon Faucher, par MM. Moreau de Jonnès et Passy.) — 1843, t. III, p. 315.

3. **Reproches adressés aux tendances industrielles de notre temps.** (Observations de MM. Charles Dupin, Dunoyer, Blanqui et Passy, sur le mémoire de M. Dunoyer, intitulé : *Examen de quelques reproches adressés aux tendances industrielles de notre temps.*) — 1843, t. III, p. 457.

4. **De l'avenir du commerce européen en Chine.** (Observations de MM. de Rémusat, Dunoyer et Passy, sur le mémoire de M. Blanqui intitulé : *De l'avenir du commerce européen en Chine.*) — 1843, t. IV, p. 25.

5. **De la situation économique des départements des Alpes.** (Observations de MM. Passy, Dupin aîné, comte Portalis et Blanqui sur la situation économique des départements des Alpes, Isère, Hautes-Alpes, Basses-Alpes et Var.) — 1843, t. IV, p. 441.

6. **Des causes de la décadence de l'Espagne.** (Rapport verbal de M. Mignet sur l'ouvrage de M. Ch. Weiss intitulé : *l'Espagne depuis le règne de Philippe II jusqu'à l'avènement des Bourbons.* Discussion sur les causes de la décadence de l'Espagne dans cette période, entre MM. Passy, Mignet et Blanqui.) — 1844, t. VI, p. 75.

7. **L'instruction primaire et secondaire et le paupérisme en Hollande.** — 1844, t. VI, p. 317.

8. **La colonie agricole d'Ostwald.** — 1844, t. VI, p. 320.

9. **La liberté du travail.** — 1844, t. VI, p. 371.

10. **Du régime municipal dans les Gaules.** (Discussion à l'occasion du mémoire de M. Ch. Giraud sur les impôts dans les Gaules sous les Romains, entre MM. Blanqui, Passy, comte Portalis, A. Thierry, Rossi et Giraud.) — 1845, t. VII, p. 163.

11. **De la durée des familles nobles en France.** — 1845, t. VII, p. 239.

12. **De l'organisation du travail et de la loi qui règle le travail dans les manufactures.** (Discussion entre MM. Blanqui, Passy, Dunoyer, de Beaumont, Franck et Mignet, sur ce qu'il faut entendre par l'organisation du travail et sur les effets de la loi qui règle le travail des enfants dans les manufactures.) — 1845, t. VIII, p. 189.

13. **De la concurrence et du principe d'association.** (Observations présentées par MM. Passy, Dunoyer et de Rémusat à la suite de la lecture du mémoire de M. Blanqui sur la concurrence et l'association.) — 1846, t. IX, p. 421.

14. **La division de la propriété suit-elle en France la progression de la population?** (Observations de MM. Passy et Bérenger.) — 1846, t. IX, p. 505.

15. **De la population de la France.** — 1846, t. IX, p. 519.

16. **De la nécessité de fonder en France l'enseignement de l'économie politique.** (A propos du mémoire de M. Félix de la Farelle.) — 1846, t. X, p. 75.

17. **De l'enseignement de l'économie politique.** (Discussion, par MM. Dunoyer, Passy, Cousin, Droz et Ch. Giraud.) — 1847-1848, t. XIII, p. 68; t. XIV, p. 306.

18. **Du rapport du prix des grains avec les mouvements de la population.** (Observations par MM. Villermé, Charles Dupin, Léon Faucher, Ch. Lucas et Passy, à propos d'une communication sur les mouvements de la population de la France en 1847, par M. Moreau de Jonnès.) — 1850, t. XVII, p. 33.

19. **Du paupérisme dans les Flandres.** (Rapport verbal sur un ouvrage de M. Ed. Ducpétiaux intitulé : *Mémoire sur le paupérisme dans les Flandres*, par M. Villermé, suivi d'observations par MM. Ch. Dupin, Charles Lucas, Léon Faucher, Cousin, Passy et Moreau de Jonnès.) — 1851, t. XIX, p. 299.

20. **De la doctrine de Malthus sur la population.** (Observations par MM. Passy, Dunoyer, lord Brougham, Villermé, Guizot et L. Faucher.) — 1853, t. XXIV, p. 447.

21. **Observations sur l'influence des vicissitudes sociales en matière de population.** — 1856, t. XXXVI, p. 153.

22. **Les monnaies à Naples.** (Rapport verbal sur un ouvrage de M. Constantin Baër intitulé : *Del basso corso de' cambi e delle grande immissioni d'argento in Napoli*, par M. Michel Chevalier, suivi d'observations par M. H. Passy.) — 1857, t. XXXIX, p. 129.

23. **De l'origine de l'agriculture pastorale et de la propriété communale en France.** (De l'état social et agricole des Gaules à l'époque de la conquête romaine, observations par MM. A. Thierry, Moreau de Jonnès, Dareste et Passy.) — 1858, t. XLIV, p. 53.

24. **L'économie politique en Italie.** (*L'économie politique en Italie*, par M. Wolowski, suivie d'observations par MM. Passy et Wolowski.) — 1859, t. XLVII, p. 197.

25. **Des mouvements de la population en France de 1789 à 1856.** (Note sur le mouvement de la population en France de 1789 à 1856 par M. L. de Lavergne, suivie d'observations par M. H. Passy.) — 1859, t. XLVII, p. 291.

26. **Observations sur Adam Smith.** — 1860, t. LI, p. 383.

27. **De la population de la Chine.** — 1860, t. LIII, p. 92.

28. **De la course maritime.** — 1861, t. LV, p. 125.

29. **La statistique générale de la France.** (Discussion à la suite du rapport de M. Wolowski sur le dernier volume de la *Statistique générale de la France*, publié sous la direction du ministère de l'agriculture et du commerce par M. Legoyt.) — 1861, t. LV, p. 266.

30. **Observations sur les deux écoles juridiques qui se produisirent en Allemagne après 1814.** — 1861, t. LVII, p. 303.

31. **Mouvement de la population de la France.** (Discussion à propos du tome X de la *Statistique générale de la France*, traitant du *Mouvement de la population pendant les années 1855, 1856 et 1857*, par M. Legoyt.) — 1862, t. LIX, p. 447.

32. **Des banques.** (Discussion à la suite du mémoire de M. L. Wolowski intitulé : *Opinions de Napoléon et du comte Mollien sur la question des banques.*) — 1864, t. LXVIII, p. 363.

33. **Le marquis de Chastellux.** (Discussion à la suite du mémoire de M. Léonce de Lavergne intitulé : *Le marquis de Chastellux.*) — 1865, t. LXXI, p. 355.

34. **Les colonies et la politique coloniale de la France.** (Discussion à la suite du rapport de M. Michel Chevalier sur l'ouvrage de M. Jules Duval intitulé :

Les colonies et la politique coloniale de la France.) — 1865, t. LXXIV, p. 140.

35. **De l'état de l'agriculture française en 1865.** (Discussion à la suite du mémoire de M. A. du Chatellier intitulé : *Enquête sur l'état de l'agriculture française en 1865.*) — 1866, t. LXXXVI, p. 153.

36. **Observations sur la vente en détail des marchandises en Angleterre.** (Discussion à la suite du rapport de M. Chadwick intitulé : *De la vente en détail des marchandises en Angleterre, des réformes à introduire dans cette vente et de l'influence de cette réforme sur les classes moyennes.*) — 1867, t. LXXXI, p. 408.

37. **Des gouvernements mixtes.** (Discussion à la suite du mémoire de M. E. de Parieu intitulé : *Des gouvernements mixtes.*) — 1868, t. LXXXV, p. 266.

38. **La république athénienne.** (Discussion à la suite du rapport de M. E. Cauchy sur l'ouvrage de M. G. Perrot intitulé : *Essai sur le droit public et privé de la république athénienne.*) — 1869, t. LXXXVIII, p. 294.

39. **Le mouvement de la population.** (Discussion à la suite d'une communication de M. le baron Dupin sur *la fécondité relative des familles à Paris et à Londres.*) — 1869, t. XC, p. 153.

40. **Même sujet.** (Discussion à la suite du mémoire de M. Legoyt intitulé : *Du mouvement de la population en France de 1861 à 1865.*) — 1870, t. XCII, p. 264.

41. **L'esclavage au Brésil.** (Discussion à la suite de la communication faite à l'Académie d'une lettre de M. A. de Gobineau, ministre de l'empereur au Brésil, sur *l'esclavage au Brésil.*) — 1870, t. XCI, p. 449.

42. **La société La Vigilante.** (Discussion à la suite du rapport de M. Giraud sur le programme et le règlement de cette société.) — 1871, t. XCVI, p. 549.

43. **L'ivrognerie.** (Discussion à la suite de la communication de M. Paul Janet relative à l'Association française contre l'abus des boissons alcooliques.) — 1872, t. XCVII, p. 773.

44. **La Germanie de Tacite.** (Discussion à la suite du mémoire de M. A. Geffroy intitulé : *Etude sur la Germanie de Tacite.*) — 1872, t. XCVIII, p. 578.

45. **Le congrès international de statistique de Saint-Pétersbourg.** (Observation à la suite du rapport de M. E. Levasseur sur le congrès international de statistique de Saint-Pétersbourg.) — 1873, t. XCIX, p. 121.

46. **Observations sur Harrington.** (Discussion à la suite de la communication de M. E. de Parieu sur Harrington.) — 1873, t. XCIX, p. 300.

47. **Observations sur l'instruction publique.** (Discussion à la suite du mémoire de M. C. Hippeau sur *l'Instruction publique aux Etats-Unis d'Amérique.*) — 1873, t. C, p. 238.

48. **Observations sur le renchérissement des moyens d'existence.** (Discussion à la suite du mémoire de M. L. Wolowski sur *le renchérissement des moyens d'existence.*) — 1875, t. CIII, p. 500.

49. **Observations sur le jubilé des Juifs.** (Discussion à la suite du mémoire de M. Serrigny intitulé : *Du jubilé des Juifs.*) — 1876, t. CVI, p. 30.

50. **Le mouvement de la population.** (Discussion à propos d'une lettre de M. de Lavergne.) — 1877, t. CVII, p. 126.

51. **Observations sur les causes de la décadence actuelle des nations asiatiques musulmanes.** (Discussion à la suite du mémoire de M. J. D. de Tholozan sur ce sujet.) — 1877, t. CVII, p. 205.

52. **Turgot.** (Discussion à la suite du rapport de M. Fustel de Coulanges sur un ouvrage de M. Foncin intitulé : *Essai sur le ministère de Turgot.*) — 1877, t. CVII, p. 439.

53. **Discussion sur le luxe et les formes de gouvernement.** (A la suite du mémoire de M. H. Baudrillart sur ce sujet.) — 1878, t. CIX, p. 92.

54. **Le droit d'hérédité dans la législation.** (Observations à la suite du rapport de M. Franck sur l'ouvrage de M. Bonnal intitulé : *Le droit d'hérédité dans la législation.*) — 1878, t. CIX, p. 170.

55. **Observations** à la suite du rapport de M. Jules Simon sur deux brochures de M. Roulliet et de M. Carnot ayant pour même titre : *L'école d'administration.* — 1878, t. CIX, p. 593.

56. **Observations sur les populations agricoles de la Normandie.** (Discussion à la suite de la première partie du rapport de M. H. Baudrillart *Sur l'état moral, intellectuel et matériel des populations agricoles (région nord-ouest, la Normandie.)* — 1878, t. CIX, p. 686.

57. **Observations sur le rétablissement des tours.** (Discussion à la suite du mémoire de M. le Dr Marjolin *Sur la nécessité du rétablissement des tours.*) — 1878, t. CX, p. 293.

58. **Observations sur les mélodies grecques.** (A la suite de la troisième partie du mémoire de M. Ch.

Lévêque intitulé : *Mélodies grecques. Histoire et esthétique.*) — 1879, t. CXII, p. 261.

*

Les rapports sur les ouvrages et les présentations de publications sont trop nombreux pour que nous ayons cru devoir en publier la liste. On la trouvera à la table alphabétique du *Compte rendu de l'Académie.* Paris, Picard, 1889, p. 219 et suivantes.

Coulommiers — Imp. Paul Brodard.

www.ingramcontent.com/pod-product-compliance
Lightning Source LLC
LaVergne TN
LVHW020414230826
846091LV00004B/1279

9782016144992